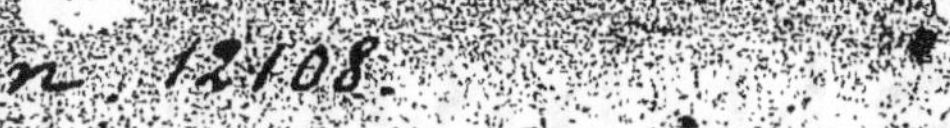

NOTICE HISTORIQUE

SUR

LE GÉNÉRAL LEGRAND,

*Lue à la séance publique de la Société des Lettres,
Sciences et Arts de Metz,*

Par M. DEVILLY,

MEMBRE DE PLUSIEURS ACADÉMIES ET SOCIÉTÉS SAVANTES.

1822.

NOTICE HISTORIQUE

SUR

LE GÉNÉRAL LEGRAND,

PAR M. DEVILLY,

MEMBRE DE PLUSIEURS ACADÉMIES ET SOCIÉTÉS SAVANTES.

A~GRIPPA~, chassé de Metz par son humeur inquiète, flétrit du surnom de marâtre des sciences la cité qui l'avait adopté. Echappée au dépit, cette épithète, relevée par les contemporains, devint bientôt une opinion générale ; et cependant les faveurs que Metz avait prodiguées à un étranger dont les talens seuls formaient la recommandation près d'elle, étaient une preuve éclatante de l'injustice de l'anathème qu'il lança contre sa bienfaitrice.

Peu de pays sont plus riches en grands événemens et en hommes distingués que Metz et son territoire ; tous les genres de gloire semblent l'avoir illustrée, et une foule d'hommes, remarquables par leurs écrits ou leurs actions, meurent sans que la patrie les ait réclamés.

A quoi donc attribuer cette incurie d'un peuple sur les intérêts de sa gloire ?

A cette même froideur, à cette même indifférence qui dédaigna de répondre aux injures dont on avait payé des bienfaits, mais non à l'aversion des Messins pour les sciences ; toujours les sciences et ceux qui les cultivent furent chéris parmi eux, et si, par un sentiment de modestie qui naît de leur caractère, ils n'étalent point avec ostentation les grands noms dont ils s'honorent, ils conservent dans leurs cœurs la mémoire de ceux de leurs compatriotes qui se sont distingués par leurs vertus ou leurs talens.

Ce n'est point assez de ce culte secret, nous devons un hommage public aux hommes de génie qui ont contribué à l'accroissement des connaissances et à la prospérité de la patrie. C'est ce juste tribut, payé par la génération présente aux âges passés, qui fait éclore pour la postérité les hommes utiles ; refuser de le payer serait étouffer dans son germe le talent ou le grand caractère que l'émulation, qu'un noble désir de gloire aurait développés. Ce sont les lauriers de Miltiades qui donnèrent Thémistocles à Athènes.

La Société des Lettres, Sciences et Arts de Metz, reconnaissant cette vérité, a pensé que des notices biographiques sur les hommes remarquables de cette province seraient d'un haut intérêt ; et, pour créer, en encourageant les auteurs, cette galerie nationale qui nous manque, elle a voté une médaille pourtoute notice de ce genre qu'elle jugerait digne d'être accueillie.

Quelle mine riche et abondante à exploiter, quelle foule d'hommes distingués et qui ont droit à être célébrés par notre reconnaissance ! Je ne vous parlerai point de ces hommes qui brillent maintenant dans tous les genres d'illustration : les contemporains sont pour l'écrivain l'Arche sainte ; on ne peut y toucher. Mais notre pays vous citera avec orgueil parmi ses nombreux enfans : les Paul Ferry, les Ancillons, les Baltus, les Le Duchat, les Bock, les Villers, les Foës, les Louis, les Sébastien Leclerc, les Pilastre du Rosier, les Persuis, les Fabert, les Houchard, les Custines, les Eblé, les Lasalle. A ces noms on peut joindre celui du général Legrand qui, par un mariage contracté parmi nous, par un long séjour dans notre ville, par de nouvelles liaisons d'amitié, avait fait de Metz la patrie de son choix long-temps avant d'être entré dans la carrière que depuis on l'a vu parcourir avec tant de gloire. Le Conseil municipal de Metz lui-même vient de sanctionner cette adoption, en votant son portrait, pour le joindre à ceux des Messins dont la reconnaissance publique conserve les traits,

C'est sur ce général que je vais essayer de vous donner une notice historique, entrant ainsi le premier dans la lice que vient d'ouvrir votre Société.

Legrand (*Claude-Juste-Alexandre*), Comte, Lieutenant-Général, Grand-Cordon de la Légion d'Honneur, Grand-Croix de l'ordre militaire de Frédérick de Bade, Sénateur, Chevalier de St.-Louis, Pair de France, naquit au Pleissier-sur-St.-Just, département de l'Oise, le 23 février 1762.

Rien dans sa jeunesse ne présagea les hautes destinées qui l'attendaient, et ses vingt-huit premières années s'écoulèrent dans l'obscurité. Soldat au régiment de Dauphin-infanterie, en 1777, retiré du service en 1786, avec le grade de Sergent-Major, sa carrière militaire semblait terminée. Ce fut alors qu'il se fixa à Metz, où il se maria et entra dans le commerce. Bientôt sa loyauté et sa franchise lui acquirent l'estime de ses nouveaux compatriotes. Croyant avoir acquitté sa dette envers la patrie, il n'aspirait plus qu'à vivre en paix au sein de sa famille, lorsque la révolution éclata. Tous les français furent appelés à la défense des frontières. Legrand fut nommé, malgré lui, chef d'un des bataillons de la Moselle, et chargé de missions de confiance. En 1792 il était général de brigade et fut employé à l'armée de Sambre et Meuse. Les jour-

nées d'Arlon, de Juliers, de Fleurus, révélèrent
enfin son génie ; alors se développèrent ses grands
talens militaires qui depuis furent si utiles à son
pays et le placèrent au premier rang des généraux français. Dès ce moment sa vie ne fut plus
qu'une suite de travaux, de combats et de succès.

La campagne de l'an 3 s'ouvrit par le passage du Rhin. LEGRAND est chargé de traverser le
fleuve au-dessus de Dusseldorff, avec un batail-
lon de grenadiers. La lune le trahit, l'ennemi
aperçoit les barques et le feu d'une redoute est
dirigé contre elles. LEGRAND brave la mitraille,
la mousqueterie et poursuit sa route en silence.
Il n'attend pas que les bateaux aient touché la
rive ennemie, il s'élance dans les flots et s'écrie :
Camarades, suivez-moi. Ses grenadiers élec-
trisés par son exemple, s'élancent après lui, cul-
butent deux mille hommes protégés par des retranchemens, s'emparent d'une batterie de sept
pièces de canon, se portent rapidement sur Dusseldorff dont ils se rendent maîtres, et font prisonniers le commandant et sa garnison, com-
posée de 1,500 hommes. En sept heures se ter-
mina ce beau fait d'armes. En en rendant compte,
le Général en chef Jourdan s'exprima ainsi : « La
conduite du Général LEGRAND et son intrépidité
sont au-dessus de tous les éloges. » Bientôt après
LEGRAND donne de nouvelles preuves de talens

et de bravoure à l'attaque des hauteurs de Poperg et de Leinsfeld, où il repousse l'ennemi et facilite la prise de Cassel. A la campagne suivante, il effectue de vive force un second passage du Rhin à Wissenthurn, chasse l'ennemi de ses retranchemens et le tient en échec jusqu'à ce que l'on ait établi un pont sur le fleuve. Il sauve, à la bataille de Wurtzbourg, une partie de la cavalerie française qui se trouvait compromise, et à Leptingen, où il eut deux chevaux tués sous lui, combattant contre des forces supérieures, il protége la retraite de l'armée.

Les négociations de Rastadt lui avaient accordé un instant de repos; mais bientôt, la guerre recommençant avec plus de fureur, il reçut, avec le commandement des troupes en avant de Kehl, le grade de Général de division, juste récompense de ses nombreux services. A peine était-il rétabli d'une maladie grave qui l'avait forcé à quitter momentanément son quartier-général pour se faire soigner à Strasbourg, que Masséna, habile à distinguer le mérite, l'appela près de lui en Helvétie; mais l'ennemi se renforçant chaque jour dans la vallée de la Kintzig, LEGRAND vint reprendre son premier poste sur la rive droite du Rhin. Il repoussa dans plusieurs combats, malgré leur supériorité, les autrichiens qui avaient fait une diversion sur Strasbourg pour obliger Masséna à détacher des troupes de la Suisse.

A la campagne suivante, qui fut la dernière de cette guerre, il eut la gloire de contribuer au succès de la célèbre journée de Hohenlinden. Tandis que les troupes françaises étaient aux prises avec l'ennemi sur le front de Hohenlinden, le prince Ferdinand, avec un corps d'armée considérable, cherchait à tourner les français pour leur couper toute communication avec Munich, les prendre à dos et leur enlever ainsi la victoire ; Legrand s'aperçut du mouvement et de l'intention du prince, il fondit sur lui, culbuta ses troupes et les tailla en pièces. Trois mille prisonniers et quatre pièces de canon furent le fruit de cette habile manœuvre : le prince fut rejeté dans la vallée de Dorfen, où le lendemain la division Legrand lui fit encore 1,500 prisonniers. La paix de Lunéville vint suspendre les triomphes de l'armée française et donner quelque repos à nos guerriers.

Legrand alla prendre le commandement du Piémont ; là, il prouva qu'il savait unir aux qualités du général celles non moins utiles de l'administrateur. Lorsqu'il arriva à Turin, il y trouva tout dans la plus grande confusion : les services étaient désorganisés ; l'esprit public était monté par l'indignation qu'inspirait l'orgueil des vainqueurs ; chaque nuit les français étaient assassinés dans les rues ; les routes étaient infestées de brigands, suite naturelle des guerres dont ce pays avait long-temps été le théâtre. En peu de mois, par sa fermeté, il rétablit l'ordre dans toutes les branches de l'administration ; par sa douceur, son équité et son désintéressement, il fit chérir et respecter le nom français ; et, par des mesures sages et vigoureuses, il purgea son gouvernement des brigands qui le désolaient. Tant de travaux lui donnaient sans doute des droits à la reconnaissance de la patrie ; mais il avait servi sous Moreau, et personne n'ignore qu'à cette époque toutes les faveurs étaient réservées pour les généraux de l'armée d'Italie, ou, comme on les appelait alors, les généraux galonnés. LEGRAND, ainsi que la plupart des généraux du Rhin, vit donc ses services rester dans l'oubli. On lui ôta le commandement du Piémont pour l'envoyer dans le midi remplir les fonctions d'inspecteur-général d'infanterie.

En 1803, l'Angleterre rompt le traité d'Amiens, aussitôt tout se prépare sur les côtes de France pour opérer une descente ; des camps sont formés sur la Manche ; LEGRAND qui était en faveur quand il fallait combattre, reçut le commandement de la 3ᵉ. division au camp de St.-Omer.

Alors Moreau fut arrêté, LEGRAND qui avait été l'un de ses lieutenans, et que l'on savait lui être fort attaché, fut soupçonné et ses papiers furent saisis ; mais bientôt son innocence fut reconnue, et dès-lors cessa l'espèce de disgrace que lui avait attirée son affection pour son ancien chef.

Le cabinet de St.-James sut, à force d'or et d'intrigues, détourner l'orage prêt à fondre sur l'Angleterre, et susciter à la France de nouveaux ennemis. L'Autriche et la Russie s'unissent contre nous, et l'armée Autrichienne s'empare de la Bavière sans déclaration de guerre. Les troupes françaises étaient campées à 300 lieues des frontières de la Bavière ; à l'instant elles partent en poste pour l'Allemagne, et dans 15 jours l'armée Autrichienne est détruite, la Bavière délivrée, et la première campagne terminée. Dans cette campagne, LEGRAND, employé sous les ordres du Maréchal Soult, décida en faveur des Français le succès du combat de Wertingen. Cependant les Russes arrivaient à marches forcées, ils rejoignent les débris de l'armée Autrichienne ; alors commence la seconde campagne de 1805. LEGRAND se signala à l'affaire de Hollabrunn et sur-tout à la bataille d'Austerlitz où, avec une brigade de sa division, il contint pendant près de douze heures, aux défilés de Telnitz et de Sokolnitz, tous les efforts d'une partie de l'armée Russe, lui fit 3000 prisonniers et lui enleva douze pièces de canon. Le grand cordon de la Légion d'honneur fut le prix de ses exploits.

La paix de Presbourg semblait devoir assurer

à la France la tranquillité du côté de l'Allemagne ; cependant le Roi de Prusse, loin d'être intimidé par l'exemple de l'Empereur d'Autriche, envahit la Saxe et la force à lui fournir des troupes et des subsides. L'armée qui était déjà en marche pour retourner en France, reçoit contr'ordre, et le 8 octobre 1806 recommencent les hostilités. LE-GRAND soutint sa réputation à la prise de Lubeck, à Eylau, Heilsberg et devant Kœnisberg. A la seconde campagne d'Autriche et de Pologne, il cueillit de nouveaux lauriers au combat d'Ebersberg, où il délivra la division Claparède, à l'affaire de Gross-Aspern, à la bataille d'Esling et à celle de Wagram où il eut son chapeau enlevé par un obus.

Jusqu'alors les armées françaises avaient marché de succès en succès ; la mémorable guerre de Russie fut l'écueil où vint se briser leur fortune, et aux victoires succédèrent les revers. Les généraux firent l'apprentissage de l'adversité, et furent obligés de déployer toutes les ressources de leur génie pour soutenir l'honneur français et sauver les débris de l'armée. LEGRAND se couvrit de gloire dans toutes les affaires ; son intrépidité et son sang froid ne l'abandonnèrent jamais. Au combat de Polotsk il eut un cheval tué sous lui, et lorsque le Maréchal Gouvion-Saint-Cyr fut blessé, le 18 octobre, ce fut à lui qu'il remit le commandement du 2ᵉ. corps d'armée. Le 24 novembre, après avoir forcé au combat de Brilowa le passage de la Bérésyna, succès sans lequel l'armée française, dévorée par la faim et le froid, n'eut peut-être pas échappé à une entière destruction, il reçut la blessure des suites de laquelle il mourut à Paris, le 8 janvier 1815.

Les bornes que je me suis imposées ne m'ont point permis de suivre le général LEGRAND dans tous les beaux faits d'armes qui l'ont illustré ; j'ai dû donner une courte analyse de sa vie militaire ; c'est au burin de l'histoire à retracer les travaux d'un chef qui contribua tant à la gloire des armes françaises.

Le général LEGRAND possédait ce coup d'œil d'aigle qui saisit le moment et décide la victoire. Il joignait à la plus grande intrépidité un sang-froid imperturbable et savait allier la fermeté à la douceur ; il possédait la confiance du soldat dont il était le père. Redoutable aux ennemis de la France, jamais il ne fit verser de larmes aux vaincus et ne souilla d'exactions ses victoires.

Dévoué à sa patrie, LEGRAND combattit toujours pour elle et non pour obtenir des honneurs, des distinctions. Aussi, lorsqu'il fut nommé comte d'empire, et qu'au repas qu'il donna à cette occasion, ses compagnons d'armes le félicitaient sur sa nouvelle dignité en lui donnant le titre de comte : « *Messieurs*, leur dit-il, *que pour ma maison je sois comte, mais que pour vous je sois toujours le général Legrand, c'est le plus beau titre d'honneur que puisse porter un soldat français, quand il l'a mérité sur le champ de bataille.* »

A toutes les qualités du guerrier, Legrand joignait toutes les vertus de l'homme privé : bon citoyen, bon époux, bon père, ami fidelle, il sut dans toutes les circonstances remplir les obligations qu'imposent ces titres.

Le général Ernouf, à son retour de la Guadeloupe, était détenu à la conciergerie, sous le poids d'une accusation qui depuis fut reconnue fausse : la crainte de déplaire à Napoléon avait éloigné tous ses amis ; Legrand seul le visita constamment. Un des favoris de l'empereur lui ayant conseillé de renoncer à voir aussi souvent le comte Ernouf, et lui ayant déclaré formellement que l'Empereur le chargeait de lui dire qu'il voyait avec déplaisir sa liaison avec un homme qui avait encouru sa disgrace, Legrand lui répondit : « *Je connais mes devoirs envers l'Empereur et je saurai les remplir, mais je connais aussi les devoirs que m'impose l'amitié, et rien au monde ne pourra me les faire trahir. Ancien compagnon d'armes du général Ernouf, tant que l'accusation qui pèse sur lui ne sera pas prouvée, je ne dois voir et ne verrai en lui qu'un ami malheureux.* »

Marié en secondes noces en 1811, à la fille du ministre Schérer, LEGRAND s'était arraché au lit nuptial pour voler aux champs de la Russie ; rendu enfin au repos et aux douceurs d'un nouvel hyménée, entouré de parens et d'amis qui le chérissaient, tout semblait devoir concourir à sa félicité, lorsque la mort vint le frapper. Il la vit approcher sans effroi ; et, guerrier sans peur et sans reproche, il mourut comme il avait vécu.

C'est à l'aspect de l'éternité, lorsque toutes les grandeurs humaines disparaissent, lorsque l'homme voit se briser tous ses liens terrestres, que l'on doit regarder les paroles comme l'interprète fidelle de la pensée.

Les derniers mots du général LEGRAND peignirent tous les sentimens qui remplissaient son cœur :

« *Je puis mourir,* dit-il, *je laisse un fils qui sera comme son père, fidelle au souverain, à l'honneur et à la patrie.* »

Les honneurs du Panthéon furent accordés au général LEGRAND.

METZ, C. LAMORT, IMPRIMEUR DE LA SOCIÉTÉ.